Thekla Batereau • Gesplitterte Gedanken

THEKLA BATEREAU

Gesplitterte Gedanken

EDITION FREIBERG

Printed in Germany • Dezember 2018

Computersatz / Layout:
Stephanie Wuth • Hoyerswerda
Druck und Binden: SOWA-Druck

ISBN: 978-3-943377-93-4

Wer ist es, die da schreibt?

Ich war von klein auf ein Bücherwurm. Alles, was es anzuschauen und später zu lesen gab, landete bei mir. „Was hast du für einen Wunsch?", fragte Mutti und ich antwortete:" Bitte ein Buch."
In Aufsätzen brachte ich stolz viele Einser nach Hause. Ich schrieb die längsten und hatte kaum Zeit, die Wörter auszuzählen, wie das damals so üblich war.
Es störte mich nicht, dass auf dem Gymnasium einmal eine Klassenarbeit mit „ungenügend" (Note 5, es gab keine 6) bewertet wurde, weil unser Deutschlehrer meine zu flüchtig hingeschriebenen Wortendungen nicht entziffern wollte. „Das ist eine Zumutung von Ihnen!", fand er und bestrafte mich. Sollte dennoch Literatur zu einem möglichen Berufsbegleiter werden?
Weit gefehlt, wenngleich auch weiterhin ein Büchernarr, schlug ich eine medizinische Richtung ein und begann Geld zu verdienen. Das Leben hinterlässt seine Spuren. Ein beruflicher Weg führte auch nach Stuttgart. Ich hatte zwischenzeitlich zum Zeitvertreib Kurzgeschichten verfasst und konnte sie dort einem Journalisten vorstellen. Sein

Urteil: „Machen Sie weiter, Ihre Storys lassen sich lesen und sind nicht langweilig."
Das hatte ich nicht erwartet und beflügelte mich. Ich habe es niemals aufgegeben und schreibe bis heute ... wenn man das Geschriebene messen würde, käme wohl schon ein halber Meter zusammen. Und vieles ist gedruckt worden und unter den Menschen vertrieben. Gedanken hören niemals auf, wollen zu Papier gebracht werden und Papier ist gewissermaßen geduldig. Ich versuchte mich auch mit einem Fernstudium in Hamburg: Schule des Schreibens.
Auch wenn dort lektoriert und redigiert wurde, ich fand meinen eigenen Stil und spürte intuitiv, was „ankommt" und was nicht. Ein Bestseller ist nie dabei entstanden. Und als Autorin hätte ich mit meinen Geschichten wohl meinen Lebensunterhalt auch nicht verdienen können. Was hört man von den Eltern: „Lerne einen ordentlichen Beruf." Der Rest ist Hobby!
Ich habe mich daran gehalten und es war gut so.

Mein Schreibtisch

Ungewöhnlicher Lärm schallte durch das Haus. Unglaubliches Stimmengewirr verfehlte nicht an Wirkung!
Gib mir mehr Platz hörte ich. Mach mal die Lampe an, ich kann nichts sehen, krächzte eine andere tiefe Stimme. Und was ist mit mir? Hier liegt alles krumm und schief auf meinem Rücken, das tut mir weh, klagte da jemand weinerlich und stöhnte herzerweichend.
Noch immer lauschte ich und traute mich nicht, den Dingen auf den Grund zu gehen. Einbrecher? Nein, keineswegs. Ich hielt mich im Haus allein auf, die Tür verschlossen. Das hier war irgendwie filmreif. Neben dem Durcheinander der Stimmen hörte ich Töne von mir bekannten Gerätschaften.
Du bist so egoistisch, und ich muss ständig neben dir liegen. Das ist unerträglich. Hört auf, jetzt ist es genug, vertragt euch doch nur, wir sind doch eine Werkstatt! schien jemand schlichten zu wollen.
Was? Jetzt reichte es mir. Ich war wütend und sprang die Treppe sehr behend hinauf und wollte wissen ... Was sah ich – einen aufgelösten Schreibtisch, meinen Willi, mein Heiligtum im Chaos. Nichts, aber

auch gar nichts lag mehr an seinem Platz. Das alte Fax piepste hörbar, der Drucker druckte laut einfach wild Papier über Papier aus sich heraus. Bleistifte, Kugelschreiber lagen übereinander, kreuz und quer. Das Lampenlicht der alten Bogenlampe blendete meine erschrockenen großen Augen. Ein Bücherstapel war weggerutscht, umgefallen und hatte wohl die Tischplatte von Willi hart getroffen, ah, das war wohl der strapazierte Rücken mit Schmerz!
Was ist denn hier los, donnerte ich meinen Willi an. Seid ihr denn alle verrückt geworden? Und mein Kalender, zwei Seiten eine Woche, sofort an den angestammten Platz zurück!
Was für ein Aufstand.
Und, zu Recht? Ihr seid unzufrieden mit mir, die ihr mich schon so lange kennt? Meine Unordnung ist meine Ordnung. Niemand hat sie zu stören, auch ihr nicht. Aber gut, wenn alles an seinem Platz steht und liegt, hat niemand zu leiden, hier gibt es nur eine friedliche Koexistenz. Okay, der Bücherstapel gehört nicht auf den Willi, das verändere ich.
Und ich setzte mich auf meinen Schreibtischstuhl und stellte mir und meinen Mitstreitern unsere eigene Ordnung wieder her, genauso wie immer

perfekt für mich, denn wir sind letztendlich ein eingeschworenes Team in einer eigenen Schreibwerkstatt. Ich kenne Willi im Schlaf, was links hinten und davor liegt oder rechts neben dem Drucker stehen muss!

Ich ging aus dem Raum, schaute mich um, Stille ringsumher und murmelte, man kann sie doch keine Minute aus dem Auge lassen, wie kleine Kinder ...

Aber, eine Neuordnung tut eventuell doch not, ich werde darüber nachdenken.

Dialog Reden mit Schreiben

Reden ist Silber, Schweigen ist Gold! Und was ist aber mit dem Schreiben?
Das Reden wandte sich galant an das Schreiben: „Ich bin viel schneller als du. Bis du etwas auf das Papier bringst, bin ich längst über alle Berge und habe bereits verkündet. Du kannst mir nicht das so genannte Wasser reichen, Schreiben."
Das Schreiben ließ sich nicht aus der Ruhe bringen. „Ich bin viel bedächtiger als du. Ich habe den Vorteil, dass das, was geschrieben ist, eine sehr viel größere Bedeutung hat als dein Geplapper."
Das Reden zog die Stirn kraus in Falten und maulte: „Du, Schreiben, hast keine Ahnung! Während ich rede, denke ich zusätzlich weiter und verfüge somit über ein großartiges Potential, von dem du nur träumen kannst."
Das Schreiben lachte. „Und du weißt nicht, welche Kraft in einem Schreiben liegt, ich werde ausgestellt, die Menschen schauen und lesen mich. Meine feine ausgefeilte Wortwahl selbst ist ein köstlicher Hochgenuss. Hinzu kommt das wunderbare Schriftbild, das jedes Auge anzieht ..."
Das Reden lief zur Höchstform auf: „Ha, du bist ein

Aufschneider, Schreiben. Ich kann die Leute auch mustern. Ich bin rhetorisch so einzigartig, dass sie sich um mich wie eine Traube scharen und lauschen. Ich überzeuge mit mir und lese in den Augen der Menschen, ob ich und wie ich meine Strategie in sofortiger Reaktion ändere."

Nachdenklich folgte das Schreiben den Ausführungen. Nach geraumer Weile sagte es in ruhigem Ton: „Weißt du was, man könnte doch einen Kompromiss für uns beide treffen. Das, was du redest, wird von mir aufgeschrieben. Es hätte jeder etwas davon, es gibt keinen Verlierer. Lass uns vertragen, Reden. Ich mag dich."

Das Reden fühlte sich geschmeichelt und lenkte ein: „Naja. Man muss abwägen. Was hältst du davon, einen Verein zu gründen und unsere beiden Namen zu veröffentlichen. Ich mag dich auch gut leiden. Reden und Schreiben sind gemeinsam viel mehr wert als das Gold im Schweigen! Sie sind ein Diamant!"

...

(Aus)Bildung ist der beste Reiseproviant für die Reise zum hohen Alter.

(ARISTOTELES 384 – 322 V. CHR.)

Ein Satz, geschrieben vor mehr als 300 Jahren v. Chr. vom bedeutendsten Philosophen der griechischen Antike, Aristoteles mit einer ungeheuren Weitsicht, auf unsere heutige Zeit durchaus übertragbar.

Wie reiste man wohl damals, barfüßig oder mit Sandalen und dem Esel oder Ochsen oder ritt man zu Pferde, wenn man über Geld verfügte? Und es dauerte wohl eine sehr lange Zeit, bis man sein Ziel unter anstrengenden Bedingungen erreichte, vielleicht ohne Hektik und Stress. Konnte man einkehren, wie bezahlte man und trug man sein Reiseproviant immer bei sich? Wer waren sie, die da reisten, alte Menschen, die weise waren und der Welt etwas zu verkünden hatten? Heute gibt es die modernsten und schnellsten Verkehrsmittel zu Lande, zu Wasser oder in der Luft. Und die Menschen haben keine Zeit! Wenn ich an meine liebe Mutter denke, verreiste diese im hohen Alter

von neunzig Jahren allein mit dem Bus nach Italien, Polen, Tschechien und machte eine Fjordreise nach Norwegen. Sie wurde auch mit landesspezifischer Verpflegung verköstigt und schrieb danach so manche amüsante Kurzgeschichten mit so mancherlei tollen Rezepten. Sie erlebte Land und Leute unterschiedlichen Coleurs, Alters und Bildung auf ihre eigene individuelle Art und Weise, konnte gut zuhören und sich aufgrund ihres geistigen Niveaus immer sehr gut artikulieren.
Humor, der so genannte „trockene“ Humor ist ein wunderbares, wenn auch nicht mehr so häufig anzutreffendes Wesensmerkmal eines Menschen, der keine Verbissenheit zulässt und der, wenn man über sich selbst lachen kann und das konnte sie, Lachfalten produziert und keine Altersfalten aus Kummer und Gram. In einer polnischen Drogerie allerdings anstelle der vergessenen Zahnpasta Haftcreme für die „Dritten“, die sie nie hatte, gekauft zu haben, löste Lachsalven nicht nur der Mitreisenden aus! Wenn einer eine Reise tut, dann kann er was erzählen ... und ist vielleicht auch noch so bei den Gesellen der Handwerkerzunft heute, in Zimmermannskluft, mit Hut, Stock und geschnürtem Ränzel zu Fuß monatelang in der

weiten Welt auf der Walz zu sein, sich zu verdingen und sich weiter zu bilden ...
Die englischen und französischen Schulsprachkenntnisse meiner Mutter taugten leider nicht mehr für ausreichende Verständigung, was sie bedauerte, aber zur Auffrischung derselben im betagten Alter keine Lust verspürte. Ihr Aufnahmevermögen war dennoch ungetrübt! Man braucht an Jules Vernes berühmten Roman „Reise um die Erde in 80 Tagen" nicht zu denken, um in diesem Fall mit dem besten „Reiseproviant" lachend heimzukehren. Ich sollte es ihr gleichtun, um geistig aktiv und rege ein gesegnetes Alter gesund zu erreichen. Zumindest wurde daraus eine liebenswerte Geschichte, eine lebhafte Erinnerung, über die sie sich sehr gefreut hätte!

Der Himmel, eine imaginäre Erscheinung

Der Blick eigentlich achtlos in die ferne Weite über uns, unendlich, nicht greifbar, aber doch vorhanden. Ehrfurcht, Erstaunen? Nein.
Als Kind spielte ich oft mit anderen das wunderbare Hixespiel auf der Straße „Himmel und Hölle", gedankenlos. Wer hat es eigentlich erfunden?? Man brauchte ja nur Straßenkreide und einen Stein, der in gemalte Kästchen geworfen wurde, über die man „hixte".
Der Himmel, das Gewölbe über uns fasziniert doch und lädt mit zunehmendem Alter zum einfachen spontanen Reflektieren ein. Unter seinem Dach sagen sich Mensch und Tier Gute Nacht, fliegen und zwitschern die Vögel, fallen Regen und Schnee aus seinen Wolken, weht der Wind – das himmlische Kind –, gibt es Donner und Blitz!
In seinem Gewölbe findet wohl Übersinnliches statt. Die Heimstatt der Engel, des lieben Gottes und das Asyl für die lieben Verstorbenen, die an die Himmelspforte des Petrus klopften und um Einlass baten. Die Guten für den Himmel, die Schlechten in die Hölle geschickt!!!

Der Himmel, etwas, woran man sich, auch ich, irgendwie klammert, irgendwann einmal die beschriebene Idylle als die „Gute“ selbst zu erleben und mit seinen Lieben, den „Guten“, Kontakt aufzunehmen. Im Jenseits ein Leben in Frieden und Harmonie zu führen, fernab einer konfusen konfliktreichen Welt, auf einer Wolke sitzend, den Harfenklängen der pausbäckigen Engel lauschend! Zuvor der nun andächtige Blick zu den Gestirnen mit seinem Mond, den Sternen, der Milchstraße, der Sonne. Die Idealisierung eines unsichtbaren Zustandes, den niemand kennt, und doch mystisch genug für Legenden jeder Art dient. Und das ist gut so.
Inzwischen kann man nicht nur Inseln kaufen, sondern auch Sterne. Als Sehnsucht nach etwas unvergleichlich Schönem mit einem glanzvollen Hoffnungsschimmer, dem Himmel ganz nah zu sein, die Unendlichkeit aufzubrechen, sie vielleicht individuell ein wenig zu erobern. Der Mensch will wohl überall präsent sein.
Dennoch, mit Ehrfurcht das Gewölbe wahrzunehmen und nicht in das Universum einzugreifen, Veränderungen um jeden Preis zu wünschen, ist wohl Einstellungs- und Ansichtssache, wie ich

finde. Aber es ist doch wunderbar, der Poesie freien Lauf zu lassen, das Imaginäre zu verwenden für die Fantasie, die freien Gedanken in weltlichen oder geistlichen Abhandlungen, ob ich an Gott glaube oder nicht. Auch ich brauche den Himmel und wünsche mir etwas, fallen Sternschnuppen herunter! Wer weiß, irgendetwas wird sich für mich erfüllen ... ! Der Himmel beschützt!

Morgengedanken

Das Aufwachen schwer nach tiefem, traumlosen Schlaf.

Augen reiben, langsam ankommen im Heute. Sortieren, was der Tag bringen soll.

Schaffbar? Zu viel vorgenommen? Ich sollte einen Memozettel schreiben ...

Sind die Jungs, meine Katerlieblinge wohlauf? Ich war noch so schläfrig, dass ich kaum bemerkte, dass Ben neben mir am Kopfkissen saß und in mein rechtes Ohr mauzte, er habe Hunger ...

Ist doch erst 6.00 Uhr, mein Kleiner ... ach ja, wie hieß doch der Kater von Inge und Gunter, meinen Schulfreunden: „Der Miezer", wie originell und neckisch dieser Name ...

Nun die Reihenfolge, erst die Tiere, dann ich mit meinem für mich königlichen Frühstück, einer Tasse frisch aufgebrühten Kaffee und etwas Müsli.

Und was mag in unserem Land so los sein? MDR Sachsen-Anhalt macht mich munter, obwohl die stets zu Scherzen aufgelegten sehr wachen Moderatoren so am frühen Morgen doch nerven ...

„MDR" Kultur ist wirklich besser ...

Meine Jungs sind für strikte Rituale, die einzuhalten sind. Das gilt aber auch für mich. Die Katzen bestimmen, wo es und wie es lang geht. Ich mutiere mittlerweile zur Kätzin.

Dann fange ich mal an ... heute Abend weiß ich mehr, ob ich zufrieden sein kann. Nochmal herzhaft Gähnen und den Körper kurz durchschütteln. Na, geht doch ...

Ich habe heute Nacht von mir geträumt

Ein Traum. Auch heute Nacht wieder derselbe, offenbar in Fortsetzung. Und wer hat es möglicherweise nicht schon selbst erlebt. Schweißgebadet mit rasendem Herzklopfen aufrecht im Bett sitzend, weil ich gerade eine Treppe hinunterfallen wollte ... ich stolperte, fing mich wohl mit letzter Kraft, ein angespannter Körper elektrisierte mich vollends. Glück gehabt!!!

Einen Anlass dafür gab es wohl nicht, vielleicht ein flüchtiges Stolpern tagsüber, ohne Beachtung. Oder doch im Unterbewusstsein? Meine Mutter war ihr ganzes Leben lang ein wenig fallsüchtig. Es gab mehr oder weniger viele Blessuren, die sich mir eingeprägt haben. Mein zufälliges Stolpern käme vielleicht einer gewissen Assoziation damit gleich ... der Traum als eine besondere Form des Erlebens im Schlaf ist eine starke psychische Aktivität, auch wenn ich mich nicht jedes Mal daran erinnern kann. Im Schlaf wird abgearbeitet und das etliche Minuten lang.

Gäbe es einen anderen angenehmeren Anlass, beginne ich vor meinem Einschlafen darum zu bitten, es möge ein schöner Traum entstehen und bitte mit Fortsetzung! Doch leider ist am Morgen alles verblasst, schemenhaft ohne Zuordnung und nicht reaktivierbar. Wenn aber sehr klar, dann liegt Papier und Stift bereit, um sofort Notizen aufzuschreiben, eine wunderbare Erfindung.

Ich hatte außer meinen Treppenstürzen sehr oft Gedankenblitze für Lösungen bei zwischenmenschlichen Konflikten. Ich wachte auf und wusste genau, was ich zu tun oder zu lassen hatte, oft mit genauem Wortlaut! Selbst der Merseburger Bischof Thilo von Trotha (15. Jahrhundert) ermahnte, man solle vor Entscheidungen doch immer eine Nacht darüber schlafen!

Abgesehen vom letzten „Fall aus dem Bett" beherrschte mich kürzlich ein Alptraum. Ich träumte, dass ich meine beiden jungen Katerlieblinge verloren hätte. Sie waren einfach von der Bildfläche verschwunden. Der Schreck saß so tief, dass ich spontan erwachte und kontrollierte – beide lagen im Tiefschlaf. Gab es einen Auslöser? Ja, ich war

Katzen unerfahren, suchte sie eines Tages in der Wohnung. Die Tiere waren unauffindbar. Rufen, Klappern, Locken mit duftenden Leckerli brachten nicht den geringsten Erfolg. Das machte mir Angst und feuchte Hände! Ich zwang mich zur Ruhe und wartete ab. Und siehe da, relaxt, gähnend und kein Wässerchen trübend tänzelten sie mir irgendwann völlig unbefangen woher auch immer, entgegen. Meine Schockstarre verstanden sie offensichtlich überhaupt nicht. Und ich hatte mein schlechtes Gewissen, nicht genug Wissen zu besitzen, wie wohl Katzen mit einem sehr eigenen Charakter „ticken". Dieser Alp hielt mehrere Tage an, bis er verdaut war.

Heute möchte ich davon träumen, verzaubert zu werden und die Welt, auf einer wunderschönen Kumuluswolke sitzend, schwebend von oben zu betrachten. Ein fliegender Teppich täte es allerdings auch. Vielleicht hilft die Vorstellung, eine Art der Meditation, Suggestionen freizusetzen ... ich wünsche es mir heute Nacht vor dem Einschlafen ganz fest.

„Begegnung" mit meiner Seele

Was haben wir gelernt: Körper und Seele bilden eine Einheit. Meine bessere nichtkörperliche Hälfte heißt Anima. Anima und ich, zwei eineiige Zwillinge, die wir nicht ohne uns leben können. Ein eingeschworenes Team, ich, die Aktivere nach außen hin, Anima, die Sensiblere mit sehr hohen Empathieanteilen als mein stets folgender unscheinbarer Schatten.
In unserer so genannten Begegnung ist es nicht immer nur leicht, Konsens zu finden. Der Verstand sagt ja, das Gefühl sagt nein. Ich habe festgestellt, dass der rationale Charakter bei mir oft stärker wirkt und gewinnt. Anima möchte ich dennoch niemals missen. Sie ist wachsam, rückt mich mittig in das Gleichgewicht und beschert mir ein ruhiges Gewissen.
Was ist denn nun Gewissen? Sehr einfach: Das Bewusstsein und bewusstmachen in gutem und oder bösem Handeln. Es ist eine besondere Instanz mit einer Sorge auch dafür, wie wir zu urteilen haben. Der Begegnung mit meiner Seele kann und will ich nicht entfliehen, denn sie findet täglich, auch in der Nacht statt. Wo nur ist sie aber angekettet?

Ich vermute, sie sitzt dem Herzmuskel direkt auf und lässt sich durch nichts ablösen. Sie ist nur und ausschließlich mit mir vergänglich.
Bei meiner unglücklichen Liebe vor vielen Jahren wurde von ihr Ganzes abgefordert. Wer hat es nicht schon einmal erlebt, die Körpergewichtsabnahme, die Appetitlosigkeit. Herzklopfen, Herzbeben, Gefühlschaos pur. So war es bei mir mit vielen anderen Nuancen auch. Unglückliche Verliebtheit führt leider nicht zum happy end. Mein Seelchen war immer für mich da und hat mich über eine lange Zeit getröstet und aufgebaut. Sie war ein winziges Samenkorn, dass gehegt und gepflegt werden musste im Sinne der Versorgung einer schweren Wunde und zu keimen und zu wachsen begann. Wir beide sind tief miteinander verwurzelt, sind sehr vertraut und mögen uns, so, wie wir sind. Anima ist mein sanftes Ruhekissen, dass täglich befragt wird, wie wohl der Tag verlaufen ist, gut oder weniger gut. Und, bei jeder Begegnung mit ihr werden neue Erfahrungen gemacht. Auch in mir Unentdecktes, Geheimnisvolles macht Spannung aus und erzeugt durchaus Glücksgefühle mit Aha-Effekten. Reaktionsweisen verändern sich mit dem Älterwerden, Sichtweisen

ändern sich auf Menschen oder auf die Dinge des Lebens, das Seelchen schwingt mit und passt auf eigene Art und Weise auf mich auf. Es ist ein Teil von mir, nicht nachtragend, nicht anklagend, genügsam und demütig. Eine wunderbare Mystik, ein wunderbarer Schatten!
Was wären wir für arme Menschenkinder ohne unsere Seelen, hoffnungslos, gefühlskalt und isoliert.

Glückstag spricht mit Glückslos

Inmitten eines üppig im warmen gelb blühenden Rapsfeldes sitzt pausbäckig das runde *GLUECK,* lächelt zum hellblauen Himmel empor und erfreut sich an den prächtigen Farben und den lachenden Blumen.
Hatte es doch gerade den Glückstag und das Glückslos getroffen. Alle drei saßen sie nun gemütlich inmitten der gelben Blütenpracht und atmeten den Rapsduft ein, philosophierten ein wenig miteinander.
Glückstag sagte stolz: „Stellt euch vor, ich gehöre einem Menschen Widder, bin zielorientiert und offen. Mein Glückstag ist der Dienstag mit einer tollen Glückszahl, der neun. Was sagst du dazu, Glückslos?"
„Ach, Glückstag, es scheint, wir passen gut zusammen. Vielleicht bin ich in der Tat die Zahl für deinen Widder. Du könntest wählen, ob du mich monatlich, wöchentlich ziehen lassen willst oder ob du mich rubbeln möchtest, und das schon ab 1,50 €. Ich bin sehr individuell".
„Oh", antwortete Glückstag, „das ist ja hochinteressant. Ich schlage für dich auch den Tag

vor. Aber weißt du, das Rapsfeld stört eigentlich meine Kreise. Meine Farbe ist das Rot, aber ich halte es schon noch aus". Das runde *GLUECK* mischte sich nun ein. „Ein kleines Mädchen hat mich angesprochen und mir erzählt, dass es schnell alt werden will, dann bekäme man mehr *GLUECK!* Denn das hinge mit der Anzahl der Jahre zusammen! Was meint ihr"?
„Ach, das Kind!, wie kindlich gedacht", riefen Glückstag und Glückslos wie aus einem Munde." So einfach ist es natürlich nicht. Ohne Erfolg kein *GLUECK*, ohne Glauben an sich kein Erfolg. Aber klar ist, das braucht seine Zeit, da vergehen schon die Jahre ..."

Das runde *GLUECK* nickte zufrieden und sprach: „*GLUECK* ist – egal, ob du Glückstag bist oder du Glückslos bist, eine erfreuliche Fügung des Schicksals, ein besonders günstiger Zufall, so, wie wir uns getroffen haben und sehr vielschichtig. Von spontanem Empfinden bis hin zum anhaltenden *GLUECK*. Ich gebe euch einen guten Rat. Glückstag und Glückslos, gemeinsam mit mir wird jedem Zweibeiner beschert sein, jemandem zu helfen, jemandem etwas zu geben ..."

„Wenn dann ein Lächeln zurückkommt, ist das auch *GLUECK*, eine Sache der kleinen Dinge. Egal, ob ihr hier im gelben Rapsfeld sitzt oder weiter ab im roten Mohnfeld. Ihr beide seid mir immer willkommen" und das runde *GLUECK* strahlte Glückstag und Glückslos an. Alle drei umfassten sich und hatten dabei etwas Mühe mit dem Umfang des runden *GLUECK* und versprachen sich gegenseitigen Beistand! Glückstag war gerührt: ohne Glückslos werde ich wohl unglücklich und Glückslos ergänzte: mit mir beschere ich dir deinen Glückstag und das *GLUECK* kehrt ein!!!

Am Abend duftet alles, was man gepflanzt hat, am lieblichsten.

JOHANN ANTON LEISEWITZ (1752 – 1806)

Poetisch ausgedrückt und sehr plastisch beschrieben. Offenbar geht es nicht nur mir so, sondern ist den meisten Menschen eigen, am Abend nach getaner Arbeit den Tag gemütlich und im geschützten Raum Revue passieren zu lassen. Heureka! Es ist vollbracht!

Eine gute Möglichkeit, sich selbst zu befragen, was denn so alles gelaufen ist. In der Rückschau wie in einem Filmablauf entscheide ich schon, wie der Schlaf dann sein wird, ruhig oder ob ich erschöpft und mit Stressgedanken die Nacht unruhig verbringe oder aber mich auf den Morgen danach freue.

Im lebendigen Gespräch mit lieben Menschen und in ruhiger Atmosphäre lässt sich gut reflektieren und sogar Bestätigung seines Tuns erfahren und das meistens am Küchentisch beim gemeinsamen Abendessen. Das hat sich bei mir als ein traditionelles Rezept immer bewährt!

Diese Form der Entspannung und Aufarbeitung eines Tages sollte recht oft angewendet werden, um das Positive ganz bewusst wahrzunehmen. Gibt es Ausreden? Ja, für diesen „Psych" habe ich keine Zeit!
Deutschland, das Meckerland hat durchaus auch liebenswerte Züge und vor allem Menschen, die optimistisch denken und auch handeln. Es gibt sie noch, die sogenannten Helden des Alltags. Sie sprechen nur nicht darüber und sehen ihr Tun als etwas Selbstverständliches an. Der US-amerikanische Erfinder Thomas Alva Edison formuliert es treffend so: „Erfolg hat nur, wer etwas tut, während er auf den Erfolg wartet." Eine einzige gute Tat lässt sich ganz bestimmt am Ende des Tages erkennen und lässt Unangenehmes schneller verblassen. Was war Ihre letzte gute Tat?
Wenn der Ausspruch wörtlich genommen wird, duftet es abends tatsächlich nach einer edlen Blume oder gar nach dem Grün eines zarten Pflänzchens, das liebevoll gehegt und gepflegt wird. Meine letzte gute Tat am Tag X war ein Telefonat mit einer Seniorin, die unter Alterseinsamkeit leidet, sich sehr negativ äußerte und am Ende des Gespräches mit mir lachen konnte und das kleine Wort „Aber..." für

alle ihre Zweifel einfach mal vergaß. Die kleinsten Dinge des Lebens positiv zu sehen, machen das Salz in der Suppe aus. Allerdings macht eine Schwalbe allein auch noch keinen Sommer ... !!!

Wohlgerüche

Unser Gedächtnis eine phänomenale Einrichtung. Es speichert ab, insbesondere das, was gefallen hat. Wohlgerüche, Düfte der speziellen und auch allgemeinen Art aus Küche, Bad, Parfümerien, Konditoreien u. a. machen irgendwie glücklich und entlocken oft ein A-ah und ein O-oh, ein Verharren für die angenehm berührten Riechnerven ...

Angenehme Gerüche bleiben bei mir offensichtlich im olfaktorischen Sinn verhaftet. In früheren Zeiten gab es am Wochenende im Haus grundsätzlich frischen Kuchenduft einzuatmen, ohne das Objekt der Begierde gesehen zu haben! Es führte aber bereits beim Eintreten zu einem verstärkten Speichelfluss und unbedingt zu guter Laune!

„Hab dich zum Fressen gern", versuchte ich als kleines Schulmädchen mit einer Eau de toilette Luxusseife. Ich war von der ausströmenden Duftnote derart begeistert, dass ich wonnevoll hineinbiss und völlig entgeistert sofort wieder ausspuckte. Wie konnte ich nur?? Das war nicht alles. Wenig später bekam ich „Schwarzen Samt" geschenkt, ein Parfüm russischen Coleurs. Diesen provokanten Duft ohne jede feine dezente Nuancierung fand ich wunderbar und versprühte ihn hingebungsvoll in der gesamten Wohnung.

Das Ergebnis war ein erbärmlicher Gestank des ganzen Interieurs und erinnerte an ein erotisches Etablissement. Schwarzer Samt wurde sofort im Hausmüll entsorgt, der damit eine ungeheure Aufwertung erfuhr und die Müllmänner verwundert schnüffeln ließ! Es stank weiterhin aus der Tonne! Die Wohnung brauchte Zeit zur Entlüftung!

Intershop-Läden zur Zeit der DDR waren ein Magnet, bereits der Düfte wegen auch ohne die D-Mark dort einzukehren. Westpakete erkannte man an der Verpackung durch ausströmende Düfte von Waschmitteln, Kaffee und Schokolade. Suchtverdächtig für die Nasen!
Ein Bouquet der besonderen Klasse an traumhaften Gerüchen bescherte der Film von Patrick Süskind „Das Parfum".

Ein olfaktorischer Genuss auf der Leinwand nur über Mimik und Gestik. Soviel zur Vorstellungskraft durch Erfahrung im Umgang unserer Nasen mit wahrgenommenen Düften.

Es würde an ein Wunder grenzen, wenn spezielle Düfte oder EIN Duft kreiert würde, der aggressives Verhalten von Menschen auflöst und sie zu Friedfertigen umwandelt. Das gelang nur im Film. Aber die Entwicklung geht weiter, wer weiß ... Wilhelm Raabes Aussage gefällt mir: „Die größten Wunder gehen in der größten Stille vor sich."

Und ich will es nicht unerwähnt lassen, dass auch urwüchsige Naturgerüche eines Bauernhofes mit Pferden, Schweinen und Kühen durchaus anziehend für die Nase sein können. Selbst der warme Fladen von der Kuh Elsa hat was ... Warum also nicht Ferien auf dem Bauernhof!

Es ist halt alles Ansichtssache!

Kein Parfüm dieser Welt
ist so vollkommen,
wie der Duft von nasser Erde.

DAMARIS WIESER (GEBOREN 1977)

Lese ich diesen Satz, fühle ich, wie verbunden diese Frau mit der Natur sein muss, wie sensibel und wie sie die „Mutter"-Erde – eigentlich die personifizierte Erdgöttin, aber nicht in diesem Zusammenhang, lieben muss.
Wie sehr wird getüftelt, was für eine neue zu kreierende Duftnote als Parfum für die Dame, den Herrn das vorherige übertreffen möge. Patrick Süsskinds Buch und Verfilmung „Das Parfum" verdeutlicht diesen Gedanken sehr treffend. Noch betörender, ausgefeilter berauschender oder anmutiger, leicht, kokett, der Fantasie keine Grenzen gesetzt ...
Was fühle ich, wenn ich die nasse Erde lose über meine Hände gleiten lasse? Der aufsteigende etwas rauchig erdige und doch frische Geruch oder besser Duft ist nicht leicht beschreibbar. Zumindest bedeutet es mir Heimatgefühl, Verbundenheit, hier bin ich daheim und hier will ich bleiben ...

Kinder spielen gern in und mit der Erde, Erwachsene sind oft Hobbygärtner, graben um, düngen und bauen sich Gewächshäuser, züchten Kakteen und andere Gewächse ... und entspannen bei der Arbeit mit Erde.
Mit den bloßen Händen in nasser dunkler Erde zu graben, damit zu hantieren, sie zu riechen und zu wissen, sie ist warm, voller nützlicher Nährstoffe und eine gedeihliche Basis für alles, was anzupflanzen ist und nur dadurch gedeihen kann.
Begreifen wir alle, was es heißt, ohne den Nährstoffboden zu leben? Keine kostbaren Schätze der Natur, ihre natürlichen Ressourcen mehr zu kennen und zu schätzen. Der Mensch verletzt, er überfordert den Boden und die natürlichen Ressourcen werden schneller abgebaut sein als je gedacht.
Kehre ich zurück zum Simplen, zur kostbaren edlen Muttererde mit einem neuen Bewusstsein für deren Schutz, sie beispielsweise als Humus zu gebrauchen für eine liebliche blühende Umwelt, wenn ich wieder einmal umtopfe ohne Schutzhandschuhe und den frischen Duft inhaliere ... richtig, dafür muss kein neuartiger Flacon auf den Markt kommen.

Eine blonde Frau ging die Straße entlang

Ein Raunen hörte man die Straße entlang. Männer wie auch Frauen drehten sich mit offenen Mündern und großen Augen nach einem feenhaften Wesen um. Was sah man und was durchbrach den meist düsteren alltäglichen Anblick von Leuten, die wie die Ameisen kreuz und quer liefen mit dem Blick nach unten gesenkt, sich manchmal versehentlich berührten ...?

Der Blick fiel auf eine blond gelockte Frau, vielleicht Ende dreißig, die grazilen Schrittes den Boulevard entlang schlenderte, nein, sie schwebte mit einer Traumfigur daher. Sie wusste genau um ihre Erscheinung, sie war selbstbewusst und das drückte sie mit ihrer Gangart auch aus. Den Kopf etwas seitlich, jedoch erhoben geneigt, setzte sie mit ihren High heels tändelnde Schritte auf ein Kopfsteinpflaster, das man meinen müsste, augenblicklich stolpert sie. Nein, nichts dergleichen. Selbst die Pflastersteine beugten sich und „ebneten" ihre Schrittfolge. Die Betrachterinnen rieben sich erstaunt ihre Augen, was für eine Schönheit sie erblickten.

Es muss eine Diva sein, eine, die so beweglich nur im Ballettsaal agiert. Sie könnte in Afrika leben, diese Frauen sind stolz und zeigen den Stolz anmutig und königlich im Schreiten mit Barfüßigkeit!

Man würde dieser blonden Erscheinung zu gern einen Krug auf das Haupt stellen wollen, der Rücken gerade durchgedrückt, die wunderbar geformte Brust anzuschauen wie eine Mona Lisa, einfach eine Augenweide. Sie würde ihn tragen mit einem Lächeln im zauberhaften Gesicht. Dazu ein bunter Rock, der zärtlich und sanft ihre Knie umspielte und ein klein wenig mit wippte. So ein ganz kleines bisschen, wie nebenbei.

Romy Schneider war es nicht. Konnte es nicht sein. Aber diese Blondine war fast ein Duplikat, geklont?

Die Männer wurden scheu wie ein Reh und blieben in Abstand zu diesem göttlichen Wesen. Damit hatte keiner gerechnet, wie so jemand ihre Straße betrat und so gar nicht in ihr Straßenbild passte. Eine Fata Morgana, die letztendlich in einem Hauseingang verschwand, nebulös und wie vom Erdboden verschluckt. Ihr Duft lag noch auf der

Straße und die Straße atmete ihn förmlich ein, voller Wehmut ob dieser holden Weiblichkeit, die der liebe Gott geschaffen hatte ...

Gedicht über die Farbe Rot

Rot ist die Farbe des Lebens, was bliebe, wenn?
Rot ist die Farbe der Liebe, was bliebe, wenn?
Rot ist die Farbe des Blutes, was wäre, wenn?
Rot ist die Farbe der Gefahr, was bliebe , wenn?
Rot ist die Farbe der Mode, was wäre, wenn?

Warum trägt Alter kaum Rot?
Es ist nicht mehr passend, das Rouge im alten Gesicht.
Lasst ab von Vorurteilen.
Wann hören sie auf?
Rot, Schattierungen, wie warm, anregend, aufregend.
Facetten, wenn Zornesröte, wenn Anstrengung,
wenn Verwirrung der Gefühle.
Rot geweinte Augen, sind Tränen rot?

Rede der freien Gedanken an den Verstand

Wir sind frei, ungebunden und können tun und lassen, was wir wollen. Wir denken nicht darüber nach, ob wir uns diplomatisch verhalten sollten oder nicht wie du, Verstand. Wir wissen es, wie oft du täglich lügst und es nicht zugibst. Da leben wir besser, ungestümer und sehr geradeaus. Du solltest es in unserem Sinn auch tun, um anzuecken oder auch kritisiert zu werden.

Wenn wir nicht mehr sind, wirst du ohne Kontrolle sein und ins Abseits geraten. Meine freien Gedanken in Form eines Gefühlausbruchs sagen ja, der Verstand nein. Was ist besser? Wir denken, beides zusammen wären wir ein unschlagbares Team. Warum bist du wohl so oft introvertiert? Weil du Angst hast oder Scham, etwas zu äußern, was man nicht von dir kennt.

Du bist stets kontrolliert. Lässt dich nie gehen und übst auf andere auch gern Kontrolle aus. Wir fordern dich auf, authentisch zu sein und uns freien Lauf zu lassen. Denn dafür sind wir frei, ungebunden und loyal. Wenn du das verstanden hast, musst du nur noch handeln und du wirst dich befreit fühlen!

Was wäre, wenn ...

Erinnern wir uns doch meist immer wieder gern an unsere eigene Kindheit oder an die unserer Kinder. Als das Fragealter aufkam und eintausend und ein Mal die Frage nach dem WARUM gestellt wurde, erinnere ich mich an mein Fragen eher nicht, dafür aber sehr wohl an die meines Sohnes, was wäre, wenn ...

Was wäre, wenn mein Sohn nicht neugierig gewesen wäre? Es gab für mich bei diesen tausend Fragen nicht immer eine logische Antwort für einen Dreikäsehoch. Für die folgenden schon. Warum heißen die Weinberge Weinberge? Weinen die? Auf eine solche Frage wäre ich wohl selbst niemals gekommen oder habe es vergessen! Ich kann meine Eltern nicht mehr fragen. Es kam noch netter. Warum haben wir einen Bauchnabel? Gehen da auch Bananen durch? Denken Erwachsene so? Niemals. Das ist Kindermund, gerade heraus, ungeschminkt.

Was wäre unsere geschundene Welt ärmer, wenn uns Kinderfragen nicht mehr erreichen und wir die Welt nicht mehr auf das Einfachste und insbesondere kindgerecht erklären könnten?

Kinder erobern auf ihre eigene kleine Art und Weise die Welt, sie würden verkümmern, viel Potential würde verschüttet und nicht gefördert werden. Und was wäre, würde die Welt stehen bleiben? Wie sollte ich meinem Kind Stillstand erklären.

Gäbe es eine Antwort auf diese Frage WARUM. Ich möchte mir diese Vorstellung ersparen, denn ein Kind kennt keinen Stillstand, braucht Bewegung für seine körperliche und geistige Entwicklung. Macht selbst eigene Erfahrungen.

Was wäre, wenn die Welt aus Wachsfiguren und Zinnsoldaten bestehen würde? Dann lebte ich nicht mehr wirklich frei und unabhängig. Ich lebte kein Risiko mehr, wäre voller ABER und Zweifel, lähmte mich selbst.

Werden wir als Erwachsene nicht auch oft zu Kindern, die die Fragen WARUM immerzu stellen und sich selbst den derzeitigen Zustand der Welt zuweilen nicht erklären können. Eine Welt, die aus

den Fugen geraten ist und in globalen Problemen erstickt und Angst vor der Zukunft macht.
Seien wir glücklich und dankbar dafür, dass auf dem ganzen Erdball die Fragen der weißen, schwarzen und gelben Kinder nicht aufhören nach dem WARUM und was wäre, wenn ...

Vergiss mein nicht
Rosen, Tulpen, Nelken,
alle Blumen welken
nur die eine nicht, die da heißt
Vergiss mein nicht!

Ich kenne kein Mädchen meiner Generation, das kein ab-schließbares Poesiealbum besaß. Eltern, Verwandte, Lehrer und Klassenkameraden ließ auch ich in mein blaues DINA5 großes Büchlein einschreiben, das nicht abschließbar war, aber eine nun bereits ergraute Lesetroddel für das bessere Umschlagen der Seiten hatte.
Heute im Rückblick tauchen lebhafte Erinnerungen an längst Verstorbene auf, deren markante Handschrift nun noch immer, mit Tinten-Füllhalter geschrieben, über das glatte leicht vergilbte Papier zu gleiten scheint und viele bekannte und mir auch weniger bekannte Zitate hinterließ.
Ich muss lächeln, viele meiner Klassenkameraden – was mag nur aus ihnen geworden sein – , hatten es mit steilen und ungelenken, schweren Schriftzügen, auch später mit Patronenfüllhalter auf das Papier, Faserspuren hinterlassend, gekrakelt, mit Herrn Geheimrat von Goethe zu tun:

„Edel sei der Mensch, hilfreich und gut." Keine Ahnung, ob sie wussten, was es bedeutet. Die Einträge waren alle durchgängig zusätzlich mit vielen eingeklebten bunten Stammbuchbildchen geschmückt. Selbstverständlich durften Unterschrift mit Ort und Datum keinesfalls fehlen.

Alles Urkunden von unschätzbarem Wert. Ich weiß nach sechzig Jahren genau, wer es war und welche kleine oder große Persönlichkeit sich mit dem unterschiedlichsten Coleurs und seiner individuellen Aura dahinter verbarg. Ob sich aber meine ehemaligen Mitstreiter an die über vier Jahre währende Grundschule auch an mich erinnern, wenn sie denn noch leben? Wenn der Zenit des Lebens überschritten ist, kehren doch recht häufig die Erinnerungen an vergangene alte, doch recht schöne und unbeschwerte Zeiten ein.

Eine Kuriosität tut sich auf.

Damals das blaue Album mit dem in blau eingeklebten Vergiss-mein-nicht-Stammbuchbildchen des Blümchens, heute im Schlüsselkasten mein Autozündschlüssel am blauen langen Bändchen mit dem innigen Aufdruck: „Vergiss mein nicht!", gesponsert von der „Nivea"-Werbung!!! Das soll gegen das Vergessen und Verlieren gut sein! Es tut wahrlich recht gute Dienste und hängt am Hals! Was für eine Bandbreite zwischen meinem zehnten und siebzigsten Lebensjahr, mit einem einzigartigen unauslöschlichen Rückblick und dem Blick auf heute unter neuem Vorzeichen!

Wotsch äbb! – eine Glosse, nicht (ganz) ernst zu nehmen ... oder doch?

Was für ein genialer Fortschritt. Wie haben wir uns nur früher verständigen können?? Wenn Stepptanz ausfiel oder eine Entschuldigung des Fehlens, aus welchem Grund auch immer, anstand. Mit der Buschtrommel sicher nicht mehr, ein Telefon gibt es seit Urzeiten, früher mit Strippe und Telefongabel, heute selbstverständlich tragbar, da schnurlos. Und nicht zu vergessen das obligate Handy, immer winziger in der Ausführung ! Und man muss beim Telefonieren, Ausnahmen bestätigen die Regel wie beispielsweise in Call Zentren am Headset, nicht mal mehr im Büro oder Wohnung brav sitzenbleiben, sondern kann gestikulierend mit großen oder kleinen Schritten durch die Gegend laufen, über die Straße, in Geschäften oder am Auto auf dem Parkplatz oder lieber beim Autofahren! Na gut, eine Freisprechanlage tut es in der Not auch noch!

Aber wir haben ja heute alle bis auf wenige Ausnahmen das tolle Wotsch äbb für i-Phones und andere Smartphones!! Über eine Milliarde

Menschen benutzen es derzeit in über einhundertachtzig Ländern, und wir Steppis sind mit dabei! Großartig! 2009 gegründet als Instant-Info-Dienst und seit 2014 Teil des Facebookgeschehen. Unser Nachrichtenaustausch verläuft einfach, schnell, sicher und kostenlos. Wir erfreuen uns jederzeit an tollen Schnappschüssen, live Videoaufnahmen von nationalen und internationalen Ereignissen und Events und/oder Glückwünschen zu Geburtstagen und ähnlichen Festlichkeiten.
Wotsch äbb, ein Endlosspiel mit hängenden Köpfen und heruntergezogenen Schultern. Kein Wunder, dass überlegt wird, die Ampelregelung auf den Fußwegen zu installieren. Ist doch viel praktischer, als den Kopf zu heben wie Hans-guck-in-die-Luft beim Struwwelpeter. Und im übrigen sind die unendlichen Fingerspiele sehr gut geeignet für die Feinmotorik der Hände.
Was, du hast noch kein Wotsch äbb?? Dann aber los, geh mit der Zeit! Es ist doch so anregend, unterhaltsam und immer in Kommunikation, nur schriftlich. Wenngleich auch schon mal eigentümliche Tippfehler oder neue Wortschöpfungen mit verschluckten Buchstaben entstehen, es geht ja auch so sehr schnell mit dem Wegklicken ...

Naja, die überall herumhängenden Ladekabel stören nicht im mindesten, das Ersatzkabel im Autofach für unterwegs, man weiß ja nie ... Und immer Kopf runter zum Simsen, wir reden nicht mehr. Wir nutzen Wotsch äbb zu jeder Tages- und Nachtzeit, auch schon beim Frühstück oder WC-Gang, beim Sport, beim Arzt, bei allen möglichen und unmöglichen Aktivitäten gongt es kurz für das Ohr, hallo, du hast eine neue Nachricht ... auch beim Sex??

Ach ja, nun werden aber bald Stimme (die sowieso uninteressant) und Texte nicht mehr ausreichen. Der Trend geht zur Videotelefonie im Wotsch äbb, alles über die Internetverbindung des Telefons und nicht mehr über die Minutenabrechnung des ausgedienten Handyvertrages. Wer besitzt denn noch ein Handy! Schämt euch!

Meldet euch, was gibt es Neues zu verkünden! Und nutzt bitte auch die Smylies ... Wir wollen alles wissen! Und Leute, bleibt dran, der digitale Bilderrahmen ist auf dem Vormarsch.

... steppen ... findet ... wie ... immer ... mittwochs ... 20.00 Uhr ... statt ... bis ... auf ... Widerruf ... Wotsch äbb und klick an die Wotsch äbb Gruppe!

Thekla Batereau hat auch Whats App.

XXL-Entspannung

Wir Stepptänzer, wir wissen es doch besser: Bewegung ist der Motor für das Abschalten vom Alltagsstress. Und noch dazu das Einprägen von Schrittfolgen jeder alten oder neuen Choreografie! Der Fortschritt geht weiter mit der XXL-Entspannung. Damit habe ich noch etwas für uns: Die Smartphone App für das Wellnessprogramm und damit das AUS für das lächerliche Steppen mit anzustrengendem Geist!!! Nein, kein Witz, sondern mit einem einfachen praktischen Hintergrund, dem wir uns derzeit stellen müssen.
Die mobile Technik ist doch überall, das handelsübliche ehemalige Kofferradio ist out. Das kleine Tablet ist auch am Strand dabei. Gesundheits-Apps sind stark im Kommen, nutzen wir sie doch in Form von Meeresrauschen, Knistern von Kaminfeuer, Regengeplätscher ... Damit können wir dem Alltagsstress einhundertprozentig entfliehen und uns auf Wesentliches viel besser konzentrieren. Die Steppschritte scheinen sozusagen suggeriert, wie von allein geführt. Man kann sich in Bälde mit einer neuen App für i-Phones einen individuellen Geräuscheteppich mit

einer Soundkulisse zusammenbauen. Na, ist das nichts. Ein italienischer Designer hat es erfunden! Selbst Kaffeehausgeräusche oder das eintönige Eisenbahnrattern oder Herbstwindgeräusche, angepasst in der Lautstärke, führen zu besseren Entspannungsergebnissen! Alles das wird als angenehmes Hintergrundgeräusch empfunden. Leider fehlt der in die Nase steigende Kaffeduft, aber auch das wird schon noch ...
Nun aber aufgepasst: Das Handy im Schlafzimmer stört unsere Nachtruhe. Wir wissen mittlerweile, dass das Smartphone alles vereint, von der Einschlafhilfe über Lektüre, Sozialkontakt bis hin zum Wecker ... Allerdings mindert das in der Tat die Schlafqualität. Das Einschlafhormon Melatonin wird durch das blaue Licht des Displays oder Bildschirms blockiert. Dennoch, wir sind immer erreichbar für alle Fälle und werden über Nacht vom Fortschritt mit XXL-Technik oder noch mehr Größenordnungen überrollt ... Ich dachte stets, ein gesunder Spaziergang in frischer Luft ist das non plus Ultra für Entspannung, dazu noch ein netter Stepptanz ...
Letztendlich werden wir alle miteinander verkabelt sein und transparent gemacht und wir werden

glücklich sein, unsere Intimsphäre noch schützen zu können und zu dürfen. Wenn nun aber die Technik versagt, der Strom ausfällt, oder oder ...wissen wir dann noch, was ein Spaziergang ist und ein auf der Bank sitzen im Wald mit echten Naturklängen?? Der Appell an die Samsungbesitzer dieser Firma folgt sogleich: Da sind schon einige Handys aufgrund fehlerhafter Akkus explodiert. Die Bauteile wurden beim Laden einfach zu heiß. Diese Produktion wurde eingestellt, also eine Sorge weniger.

Und nun?

Das macht doch alles nichts. „Miet mich" ist der neueste Trend in Sachen mobiler Technik und auch Anmieten von Smartphones. Leute, Qualität zählt und das für einen überschaubaren Preis und immer etwas Besseres, Neues im Sinne höher, weiter, einfach genialer! Nicht zögern. Lassen wir uns keinesfalls abhängen, und das Steppen? Das wird automatisiert!

Was wird nur aus unserer Steppkunst ???

Es wird alles ganz anders. Meine prognostische Sicht für ein automatisiertes Steppen ist gar nicht so abwegig, Leute! Und dass der Fortschritt uns überrollen könnte, ist ebenfalls keine vage Behauptung. Wir müssen uns auf völlig anders geartete Bewegungsabläufe mittels Technik einstellen. Das macht durchaus Angst. Schockstarre! Lasst mich etwas erklären.
Der neue Begriff heißt Cyborg!
Cyborg ist nach Wikipedia ein Mischwesen aus lebendigem Organismus und Maschine. Man kann es vereinfachen mit dem Wort eines so genannten Maschinenmenschen!
Es werden Chips oder Magnete unter die Haut implantiert. Mit abgegebenen Impulsen aus diesem Funkchip werden Wahrnehmungen in Gang gesetzt zum Türe öffnen können, Kopierer zu bedienen oder bei der Wahrnehmung in Form von Tönen werden sogar Träume in Farben umgesetzt.

Das Implantieren kostet 150,00 €, dauert circa eine halbe Stunde, es ist wie das Anlegen einer

Flexüle auf der Handoberfläche beispielsweise für Infusionen zu verstehen. Für immer und ewig. Es gibt immer mehr Menschen, die sich dauerhaft künstliche Bauteile in den Körper ergänzen lassen.

Warum nur?

Wissenschaftlern der Technischen Universität Singapur ist es 2016 gelungen, Bewegungen eines Käfers zu kontrollieren. Die Forscher haben einem Insekt – Käfer der Art Mecyunorrhine torquato – Elektroden in das vordere Beinpaar implantiert. Auf dem Rücken klemmt ein kleiner Empfänger. Der Käfer wird instruiert, nach rechts oder nach links, schneller oder langsamer zu laufen! Die Forscher steuern also von fern seinen Muskel für Richtung, Geschwindigkeit und Schrittlänge. Man nutzt und beeinflusst statt Steuerungslogarithmen einer Roboterplattform einen Organismus dafür. Es wird wenig Energie verbracht, nur der Funk-Chip ist mit Strom versorgt. Amerikaner haben vor einigen Jahren die Küchenschabe ferngesteuert, indem über das Gehirn die Fühler stimuliert wurden. Damit wurde nur die Richtung bestimmt, nicht aber die Geschwindigkeit. Es ist ethisch umstritten.

Haben Insekten Bewusstsein oder Empfindungen? Man weiß es nicht. Es gibt keinen Nachweis. Bei ferngesteuerten Kakerlaken entfallen wohl die wichtigsten ethischen Bedenken.
Schlussfolgernd kann sich jeder von uns vorstellen, was beim Tanzsport automatisiert werden könnte durch Fernsteuerung mittels Implantation!?
Also, Leute, ich bin auf gar keinen Fall dabei und werde lieber meine Gedächtnisleistung abrufen für Steppschritte und werde damit dauerhaft glücklich sein! Ihr schließt euch sicherlich an oder wollt ihr diesen für mich absurden Fortschritt etwa ausprobieren?
Zur Beruhigung: So genannte Insekten-Computer-Hybriden setzt man ein in Erdbebengebieten, bei eingestürzten Häusern, um zu retten ... trotzdem, es ist schon gewaltig gruselig und wird immer abwegiger ...

Dumm gelaufen, doch nicht nur

Wenn jemand eine Reise tut, dann kann er was erleben. Und das gibt es nicht nur bei Mathias Claudius. Meine Reise führte mich mittels einer Kur in das schöne Nordrhein-Westfalen, Nähe Osnabrück. Ich hatte u. a. ein straffes Sportprogramm zu absolvieren und konnte meine körperlichen Grenzen austesten, was ich auch tat. Muskelkater inbegriffen war Sport für mich die außerordentliche Wohltat. Und verschaffte mir einen bleiernden Erschöpfungsschlaf. Wenn ich nicht täglich meinen Wecker auf 6.00 Uhr einstellen ließ, hätte ich regelmäßig verschlafen und die Anwendungen vergessen.

Als eines Morgens mich der Weckruf abrupt aus dem Tiefschlaf riss, war ich dermaßen erschrocken, dass ich nicht mal den Lichtschalter für das Deckenlampe oder das Nachtschränkchen fand. Ich wusste nicht, wo ich mich befand, erwischte dann auch einen Schalter und begann mich langsam zu sammeln. Nichts, aber rein gar nichts hatte meine Nachtruhe gestört, es war himmlisch ruhig. Diese Ruhe wurde unterbrochen durch hastige Schritte auf dem Flur, die immer näher kamen ... das Tür-

schloss öffnete sich und eine Nachtschwester stand vor mir mit großen Augen: „Was ist passiert, kann ich Ihnen helfen?"
Ich war ein zweites Mal zutiefst erschrocken und stammelte eine Entschuldigung, dass ich wohl den falschen Knopf gedrückt habe, der aber keinen Ton von sich gegeben hatte. Die Schwester lächelte nachsichtig: „Sie sind nicht die erste ... " und verschwand diskret, zeigte auf den rot erleuchteten Alarmknopf und drückte ihn in Grün um. Es waren nur wenige Minuten für eine gelungene
Generalprobe nötig !!! Das Notrufsystem konnte ich weiterempfehlen!
Nun war ich hellwach, nicht mehr verwirrt und konnte nur noch über mich und mein Vertrieftsein lachen ... das war der erste Streich, ein zweiter folgte sogleich und ich musste an Hans Huckebein, den Unglücksraben denken. Es war ein Sonntag. Täglich hatte ich einen Kompressionsstrumpf auf den Arm anzuziehen. Das gelingt nur, wenn man die Schlaufe einer Anziehhilfe an eine Türklinke hängt, um die seidene Anziehhilfe unter dem Gummistrumpf herauszuziehen. Dies tat ich und hatte auf einmal die Türklinke in der Hand und sah mich auf dem Fußboden sitzend! Die Anziehhilfe

steckte noch immer unter dem Strumpf und ich dachte nach ... Ich rappelte mich auf und steckte die Türklinke in das Schloss zurück und prüfte, ob ich die Tür überhaupt schließen konnte. Ich konnte. Im Zimmer gab es noch eine weitere Tür zur Dusche, mit deren Klinke ich nun den Vorgang erfolgreich zu Ende führen konnte. Das Problem hatte ich nicht mehr.
Am nächsten Morgen war mein erster Weg zur Rezeption. Die Dame hatte Humor und lachte: „Ich schicke sofort einen Handwerker zu Ihnen. Ich denke, dass es nötig war für die Klinke, die wohl nicht fest genug im Schloss steckte." Recht hatte sie, Test gelungen, Reparatur ausgeführt!
Die Lacher hatte ich alle auf meiner Seite!

Enthaltsamkeit ist das Vergnügen an Sachen, welche wir nicht kriegen.

WILHELM BUSCH (1832 – 1908)

Oje, ist es im Sinne vielleicht so zu deuten, die Hoffnung stirbt zuletzt? Den Slogan zu leben, einen Sohn zu zeugen, einen Baum zu pflanzen, ein Haus zu bauen und ein Boot zu besitzen, wozu ich finanziell nicht in der Lage bin?
Sich daran zu berauschen, was wäre, wenn ich einen großen Batzen Geld hätte ... oder auch dem Mann oder der Frau meiner Träume zu begegnen, der, die längst vergeben sind?
Träumen ist etwas sehr Schönes, das beflügelt und kann Ansporn sein, nachzueifern, zumindest es zu versuchen und ist durchaus ein Vergnügen wert. Enthaltsamkeit im Sinn, ich schalte mal ab und lerne abgeschieden in einem Kloster zu leben und zu erfahren, was eigentlich enthaltsam bedeutet. Kein Alkohol, kein Nikotin, kein Tablet, keine Schokolade, kein Sex, keine Partys? Solange es nur für eine begrenzte Zeit vorgesehen ist, macht das doch Vergnügen! Entwickelt sich daraus ein Bedürfnis??

Für immer scheint es wohl doch schwieriger zu werden, nur zu beten oder zu meditieren und zu arbeiten und den vielfältigen genüsslichen Dingen zu entsagen ...
Ein Spiel mit Wollen und nicht Dürfen bzw. nicht Können, prickelnd aufregend und zugleich ernüchternd und deprimierend in der Realität vielleicht ohne Geld. Und in Sachen perfekte Ernährungsweise beispielsweise zitiere ich den bekannten TV-Koch Tim Mälzer, dem es um Geschmack bei bewusstem Essen geht und nicht um Verzicht. Hat er Recht?
Meine Enthaltsamkeit setze ich in den Begriff der Dankbarkeit um, im Leben rückblickend etwas für mich und andere geschaffen zu haben, insbesondere Menschen geholfen zu haben, ohne ein Boot zu besitzen oder ein Pferd zu reiten! Bewusst nach Krankheit weiter zu leben und trotzdem neue Aktivitäten zu entwickeln, sich Handicaps zu stellen, ist durchaus ein Vergnügen und wiegt wohl mehr als alles Gold der Welt. Noch lässt sich Gesundheit als das höchste Gut nicht kaufen. Vielleicht wird Enthaltsamkeit irgendwann ein Trend in einer Wegwerf-Gesellschaft voller Überfluss! Es sind bereits nach eigenen persönlichen Erfahrungen

Bücher geschrieben worden, mit wie viel weniger man im Leben auskommt, geizig zu werden. Und ein Vergnügen daraus machen??

Bescheidenheit ist (k)eine Zier

... doch weiter kommt man ohne ihr??? Es gab für mich einen Menschen, der nicht authentischer sein konnte in Bescheidenheit und sich üben in Zurückhaltung. Eine Frau, die von klein an zu absolutem Gehorsam erzogen wurde und zudem bestraft wurde, Gefühle, wie Weinen zu zeigen. So war das Anfang des 20. Jahrhunderts. Ich kannte sie mein Leben lang und war berührt, dass ihre hohe Intelligenz so sehr gepaart vorlag mit Einfachheit und Genügsamkeit.

Ein selbstloser Mensch, so, wie man sich das Leben der Ordensfrauen vorstellen mag hinter den Klostermauern, immer für andere da zu sein nach der Devise „Ora et labora"! Gottesfürchtig und bibelfest war sie, unbedingt ein Vorbild für viele in Geschichte und Allgemeinbildung! Gebetet hat sie nicht, aber ein Leben lang gearbeitet. In ihrer Wesensart war sie mit wenigem zufrieden, was ihr in der Kriegs- und Nachkriegszeit zu Gute kam, denn es gab nichts. „Bescheidenheit eine Tugend, die man vor allem an anderen Menschen schätzt", so ein Zitat von Francois VI.

Dieser Mensch war meine liebe Mutter. Sie litt durch ihre Erziehung an Minderwertigkeitskomplexen und legte diese erst ein wenig ab, als sie meinen Vater kennenlernte und er eine Stütze wurde und sie bestärkte. Ich denke, dass ihre große Bescheidenheit mit geringem Streben nach Ansprüchen zu keiner Zier führte. Für sich selbst sorgte sie nicht, für andere, insbesondere für uns als Familie war sie selbstlos immer da.

Das, was ihr zustand, übersah sie geflissentlich. Komplimente vertrug sie schlecht, weil sie es nicht gewohnt war, dass das für eine gesunde kindliche Entwicklung nötig war. Uns gab sie genügend Komplimente! Es brauchte ihr ganzes Leben, dass sie sich entwickelte, entdeckte ihre Wünsche und Bedürfnisse, die sie sich auch mit Freude erfüllen konnte.

Sie blieb sich immer treu und war eine starke Frau, ausgestattet mit solchen Sekundärtugenden, wie Ehrlichkeit, Ordentlichkeit, Genauigkeit, Fleiß und einem herrlichen Humor! Ein großer menschlicher Verlust, der Selbstlosigkeit selbstverständlich lebte. Sie konnte es nicht anders tun und hat sich diesbezüglich sehr genau reflektiert, warum das so war. Sie wusste von den Fehlern und hat darauf geachtet, sie in unserer Familie niemals zu wiederholen. Eine Selbstüberschätzung war auszuschließen, eine Rarität in der heutigen Zeit, wer alles es tut und sich dabei keineswegs schlecht fühlt!

Wir leben in einer Ellenbogengesellschaft. Wer laut brüllt, gewinnt (oft). Es muss solche Menschen wie meine Mutter geben, um sich auch relativieren zu können und sich an den kleinen Dingen des Lebens zu erfreuen, was häufig in den Hintergrund gerückt ist. Vielleicht erlebt die Tugend Bescheidenheit nochmals eine Renaissance, wer weiß ...

Verbindlichkeit
ist der menschliche Anspruch
an die Verlässlichkeit.

ELFRIEDE HABLÉ (GEBOREN 1934)

Ein Satz, vielleicht aus der Gesamtheit gerissen, man weiß es nicht, wenn man ihn nur so liest, worum es der Musikerin geht. Was ist Verlässlichkeit, was ist Verbindlichkeit.

Eine direkte Aussage machen, eine Zusage geben und diese korrekt einhalten, definiere ich für mich. Deshalb erwarte ich von einem verbindlichen Besprechungstermin beispielsweise unbedingte Pünktlichkeit und Vorbereitung. Der Kompromiss liegt in der rechtzeitigen Absage des Fernbleibens aus triftigem Grund. Somit sind für mich die Personen auszugrenzen, die es damit nicht so genau nehmen. Die Äußerung: sei doch locker, nicht so spießig und altmodisch, heute hat doch jeder unendlich viele Verpflichtungen, genügen meinem menschlichen Anspruch an Partner auf jeder Ebene nicht.

Sich absolut auf jemanden verlassen zu können, ist nicht nur Freude und Zugewinn bei der Arbeit,

sondern bedeutet für mich bedingungsloses Vertrauen zueinander, in einer Lebens- und oder Arbeitsphase, sich auch jemandem anvertrauen zu können, ohne dass das Anvertraute weitergetragen wird ...
Ein zu hoher menschlicher Anspruch?? Ich verbinde ihn mit menschlicher Tugend, die gepflegt werden muss. Und ich denke, dass auch nur so Paarbeziehungen eine Basis haben für eine funktionierende Partnerschaft. Die große Verliebtheit weicht oft einer tiefen innigen Liebe, die sich im Leben durchaus ergänzen lässt beispielsweise in einer hohen Verlässlichkeit und Treue, Kameradschaft ...

Aus Schwäche wird Stärke

Eine tiefgreifende Lebenskrise mit Anfang 50 entwurzelte mich. Eine für mich damals außerordentlich bedrohliche Lebenssituation stürzte mich in Verzweiflung, Selbstzweifel und Selbstunsicherheit.
Ich traute mir nichts mehr zu, empfand mich als totale Versagerin. Wenn man in der so genannten Mitte des blühenden Lebens eine sehr schmerzhafte Trennung erlebt, ist das mit einer absoluten Hoffnungslosigkeit für das weitere Leben verbunden. So habe ich es empfunden. Ich ging Menschen aus dem Weg, um nicht angesprochen zu werden. Ich isolierte mich, weil ich mich hässlich und nicht mehr begehrenswert empfand. Mein Denken fokussiert auf das AUS und nicht auf den neuen Anfang. Ein physisches und psychisches Wrack.
Das Leben musste ohne Wenn und Aber neu sortiert, geordnet werden. Meine Scham musste bekämpft werden, am Scheitern einer Beziehung nicht ganz unschuldig gewesen zu sein. Aber wie. Zur Bewältigung von Lebenskrisen gibt es nicht das Rezept. Ich entdeckte es eigentlich zufällig.

Ich lenkte mich ab, begann Menschen zu beobachten und übte mich im Zuhören. Letztendlich notierte ich mir Stichpunkte und suchte das Ventil für meine Probleme. Schreiben. Schreiben macht tatsächlich frei. Bis auf meine Schulzeit hatte ich mich nicht ernsthaft mit dem Schreiben befasst. Über mich war ich erstaunt, welche Zähigkeit und Energie ich an den Tag legte. Ob man mit einer Krise konfrontiert wird oder nicht, zur Bewältigung muss man selbst herausfinden, was gut tut.

Ich begann darüber nachzudenken, würde mir ein zweites Leben geschenkt, eine andere Berufswahl treffen zu wollen. Ich hörte von Schicksalen, die mich erschauern ließen, dass es so manchen Menschen noch viel schlechter ging und ich mich nicht im Selbstmitleid wiederfinden durfte. Das Nachdenken hatte zur Folge, dass ich mühsam begann, mich am eigenen Schopf aus meinem Sumpf herauszuziehen. Dabei half mir meine alte Mutter. Sie begann kurzerhand selbst autobiografische Kurzgeschichten zusammenzutragen, veröffentlichte diese und aktivierte sich im späten Alter damit selbst. Wenn das keine Therapie ist!

Nachdem genug Jahre vergangen waren, kam ich zu dem Schluss, meine Erfahrungen an andere Betroffene weitergeben zu können, ich war gereift und geläutert und machte mich mit einer Beratungstätigkeit selbstständig. Der Erfolg ließ nicht lange auf sich warten. Ich war authentisch, konnte mich in die Menschen hineinversetzen und gab Hilfe zur Selbsthilfe. Es war eine Beratung, die nicht vom grünen Tisch ausging, sondern eine Richtung verfolgte, verlorengegangenes Selbstbewusstsein wieder aufzubauen.

Tochter besucht Mutter

2018, schon ein halbes Jahr davon. Es gibt zeitliche Daten, die man einfach nicht vergisst , die eingebrannt sind im Gedächtnis. Für mich ist das eine Zahlenfolge 15 – 16 – 17. Im Grunde völlig unbedeutend und könnte aus einem ausgefüllten Lottoschein heraus resultieren.
Für mich sind sie magisch, machen mich glücklich und gleichermaßen tieftraurig.
Ich, die Tochter meiner Mutter, brauchte in meinem Leben kaum die Mutter besuchen, denn wir lebten jahrzehntelang gemeinsam in einer gewissen Partnerschaft. Ein jähes Ende kann nur eine Endlichkeit bescheren, der Tod.
An einem 15. geboren, an einem 16. gestorben, an einem 17. beigesetzt. Die letzte Zahl hat zur Folge, dass ich nun doch einen Besuch bei der Mutter abstatte, an einem ruhigen, stillen, ehrfürchtigen Ort. Und dann ist dort doch noch eine Zweisamkeit zu erspüren, im inneren Zweiergespräch zwischen Tochter und Mutter. Wir sind ganz allein.
Zur Mutter hingezogen, die mich geboren, behütet hat und mich in die nächste Generation führte. Was ist Besuchen? Erzählen, der Austausch

von dem Heute und von dem Gestern. Kramen und Aufblättern von Erinnerungen. Sich umsorgt zu wissen, sie kannte mich bestens. Alles ungewohnt für mich an diesem Ort unter hohen Eichenbäumen mit rauschenden Blättern im Wind, auf einer schlichten Holzbank unter hängenden Weidenzweigen .

Und es erschließt sich mir mit der Zeit ein Ausweg. Die Alternative, zu schreiben. Zu formulieren, was mich bewegt, was ich ausdrücken, ihr unbedingt sagen möchte und ich den Dialog mit ihr vielleicht unter etwas mystischem Aspekt weiterführen kann. Von der Mutter bleibt etwas zurück, was die Tochter verinnerlichte und der wieder nächsten Generation, ihrem Sohn, mitzugeben hat. Der Besuch tut nicht mehr weh, der Austausch ist immerwährend und tut nur so sehr gut ...

Kühler Abendwind
streichelt erhitzten Wänden
die Hitze vom Leib

ERNST FERSTL (GEBOREN 1955)

Mich begeistert diese wunderschöne kurze Beschreibung eines Moments aus dem außergewöhnlichen Sommer 2018.
Ich schließe meine Augen und spüre ihn, den lauen Abendwind, der meine leichte Oberbekleidung sanft wie mit Palmenwedeln spielerisch befächelt. Die bewegte Fantasie, das innere Bild dazu erschließt einem Menschen sehr wohl die kühle Wahrnehmung, wenn er sich darauf einlassen kann und will. Es ist somit nicht verwunderlich, dass die einfallsreichen Ablenkungsmanöver mit Schnee und Eis aus beispielsweise Fotos und Videos mit skurrilen Texten diese Fantasie anregen sollen.
Das Stöhnen und Meckern über eine Hitzewelle mit ausgiebiger Dürre bei einer uns bisher unbekannten Saharaluft weicht doch einer anmutigen Überlegung, dass sich nicht nur Mensch und Tier arrangieren müssen, sondern auch Gemäuer ein Innenleben zu haben scheinen!

Eine neue Erfahrung, das hektische stressige Leben einer etwas langsameren Gangart anzupassen und Menschen in den warmen südlichen Ländern viel besser verstehen zu lernen.
Dabei ist es völlig uninteressant, sich über Klimawandel und deren Ursache „heiß„ zu reden und die neu kreierte „Heißzeit" zu diskutieren. Wir werden mehr oder weniger zur Entschleunigung gezwungen, wollen wir keine gesundheitlichen Schäden davontragen. In der Langsamkeit des Denkvermögens bei hohen Außentemperaturen bleibt aber offenbar Zeit für außergewöhnliche Formulierungen.
Diesen wunderbar artikulierten Satz werde ich in meinen Meditationstext bei Entspannungsübungen für interessierte Menschen integrieren. Es gibt selten genug die Gelegenheit, die deutsche Sprache in ihrem vielfältigen schönen Repertoire in der Gegenwart zu lesen. Ich empfinde das in der Tat wie ein körperlich zartes Streicheln und bin angerührt von diesen wohlgefeilten wenigen einfachen Worten, die interpretierbar sind und mit tiefem Sinn erfüllt werden können.
Die Gestirne, der Himmel, der Wind, die Sonne sind unsere steten Begleiter am Tag und in der Nacht.

Darauf wollen und können wir niemals verzichten. Auch bei Hitze Gefallen zu finden am stahlblauen Himmel, an den Wolken, am Wind, an der Sonne, am Licht macht mich dankbar und sensibel zum Umgang auch mit der schönen und derzeit doch so strapazierten Natur. Für ihren Schutz ein wenig zu sorgen, Flora und Fauna zu helfen, wird zu meinem kleinen Bedürfnis.

Der deutschen Sprache wieder einmal ein feines makelloses Gesicht zu verleihen mit so geringem Aufwand, ein Plädoyer zu halten gegen Abkürzungen, Verstümmelungen der Sprache per Mail oder per Phone, ist mein Appell für ein leises stilles Nachdenken, sich doch mehr Mühe zu geben ...

Über die Autorin

Thekla Batereau, Jahrgang 1947, geschieden, ein Sohn, Abitur, Dipl.-Med.-Päd., Krankenschwester, MTA Röntgen, in Fort-, Weiter- und Ausbildung und leitenden Gremien in Bundesländern tätig, Freiberufler als Organisationsberaterin und Coach seit 2005.
Zahlreiche Veröffentlichungen und Lesungen gemeinsam mit ihrer Mutter Elli Erge (verst. 2016) und eigene Lesungen und Publikationen mit Kurzgeschichten und in Anthologien, Verlagen und Zeitschriften. Hobbys: Schreiben, Malen, Fotografieren, Klavierspiel, Stepptanz und Sport.

Ein kleines Nachwort

Thekla Batereau sandte mir über mehrere Monate des Jahres 2018 hinweg ihre gesplitterten Gedanken mit der elektronischen Post; stets spontan und ohne besonderen Anlass, die 18-ner Hitzeperiode einmal ausgenommen. Und jedes Mal bat sie mich, ihren jeweils neuesten Text alsbald zu lesen und kritisch zu beurteilen. Ich hatte wenige Einwände, ließ ihre Gedankensplitter voll und ganz gelten. Als „Zensor" tauge ich ohnehin nicht. Die kleinen Alltagsphilosophien von Thekla Batereau stehen in einem engen Zusammenhang, wobei jeder Text für sich genommen, seine eigene Gültigkeit und Bedeutung erlangt.
Vor einer Aufgabe hat sich die Autorin aber erfolgreich gedrückt: Die Sortierung ihrer Texte! Ob mir das am Ende gelungen ist, werden die Leser zu entscheiden haben? Das vorliegende Büchlein im kleinen Format ist ein „Vademecum", und das heißt, wörtlich übersetzt:

„Geh mit mir!"

Viel Kurzweil beim Lesen! wünscht

Heinz Freiberg

Inhaltsverzeichnis